AF252688

L'AMAZONE,

OPÉRA-COMIQUE EN UN ACTE,

PAR M. T. SAUVAGE,

MUSIQUE DE M. A. THYS.

Représentée pour la première fois, à Paris, sur le Théâtre royal de l'Opéra-Comique, le 25 Novembre 1845.

Prix : 50 centimes.

PARIS,

BECK, ÉDITEUR,

RUE GIT-LE-CŒUR, 12.

TRESSE, successeur de J.-N. BARBA, Palais-Royal.

1845.

L'AMAZONE,

OPÉRA-COMIQUE EN UN ACTE,

PAR M. T. SAUVAGE,

MUSIQUE DE M. A. THYS.

Représenté pour la première fois

A PARIS, SUR LE THÉÂTRE ROYAL DE L'OPÉRA-COMIQUE, LE 15 NOVEMBRE 1845.

PARIS,

BECK, ÉDITEUR,

Rue Gît-le-Cœur 12.

TRESSE, SUCCESSEUR DE J.-N. BARBA, PALAIS-ROYAL.

—

1845.

L'AMAZONE,

OPÉRA-COMIQUE EN UN ACTE.

PERSONNAGES.	ACTEURS.
LADY HÉLÉNA MILLER, veuve d'un général............................	Mlle REVILLY.
LADY DOLLY BEDFORT, sa cousine...........................	Mme CASIMIR.
SIR FRÉDÉRIC ANDERSON, cousin d'Héléna.....................	MM EMON.
SIR JARVIS, voisin d'Héléna..............................	VICTOR.
TRAWLEY, modiste......	SAINTE-FOY.
MARGUERY, jeune fille, au service d'Héléna	Mme SAINTE-FOY.
CHASSEURS..................................	
PIQUEURS...................................	
INVITÉS..................................	
DOMESTIQUES	

1810. — En Écosse, au château de Lady MILLER.

Une salle basse, des armes et des trophées de chasse suspendus à la muraille. — Au fond, porte donnant sur un parc. — Portes latérales. — Une fenêtre, à droite — Sur des meubles, des cartons renfermant des robes, des chapeaux. — A gauche, un piano.

NOTA. — La droite est celle du spectateur : l'acteur inscrit le premier est à la gauche du public.

SCÈNE PREMIÈRE.

TRAWLEY, MARGUERY.

(On entend une fanfare de cors, exécutée au dehors; des chasseurs et des piqueurs passent au fond, traversant le parc. Trawley et Marguery entrent et vont regarder à la fenêtre.)

MARGUERY.

Tout est prêt... ils vont se mettre en chasse... Voyez donc comme Milady est belle ainsi?

TRAWLEY, *passant à la fenêtre* (1).

Oui!.. si l'on veut!.. Et c'est une femme!.. ça!.. avec ce chapeau d'homme et cet air cavalier?..

MARGUERY.

Et une bien bonne maîtresse encore, M. Trawley... pas exigeante... douce...

TRAWLEY.

V'lan! un coup de cravache au piqueur... Ah! ah! mon Dieu, elle part au grand galop... elle franchit la barrière... Oh! *(Il tombe sur un fauteuil placé derrière lui.)* elle m'a fait un mal!.. J'en

(1) Marguery, Trawley.

suis tout tremblant... j'ai les nerfs si sensibles!.. Nous sommes comme ça, nous autres modistes... *(Se levant et descendant en scène.)* Ça l'a fait rire, quand je lui ai dit que j'étais modiste!.. Pourquoi ça ?..

MARGUERY.

Dame! elle ne sait pas...

TRAWLEY, *préoccupé.*

Je vois bien qu'elle ne sait pas: *(D'un ton de compassion.)* mais, vous non plus, vous n'avez pas dû vous instruire beaucoup dans votre état de femme de chambre... au service de ce dragon-là!..

MARGUERY.

Oh! si, j'ai appris une foule de choses dont je ne me doutais pas... Par exemple, à blanchir les buffleteries, démonter les fusils, polir les couteaux de chasse.

TRAWLEY.

C'est fort gentil; mais je ne vois pas beaucoup de maisons où ça pourrait vous servir; à moins que vous ne deveniez femme de chambre d'un capitaine de hussards... *(La regardant avec compassion*

Pauvre jeune fille !.. Était-ce là l'usage que tu devais faire des excellents principes que tu as puisés chez ma tante Chiflock, la première modiste d'Édimbourg, à laquelle j'ai succédé.

MARGUERY.

Ah ! dame ! c'est vrai, je me suis un peu rouillée sur les collerettes et les bonnets ; elle n'en porte pas.

TRAWLEY.

C'est ce que j'ai remarqué... Quel désappointement !.. moi, qui comptais, en vous épousant, économiser dans mon magasin une première ouvrière...

MARGUERY.

Comment, je serai donc dans votre beau comptoir ?..

TRAWLEY.

D'acajou !

MARGUERY.

Avec une glace ?

TRAWLEY.

Et un mari !

MARGUERY.

Allez vite, M. Trawley, trouver mon père... La ferme est là-bas, au bout de l'avenue, on la voit d'ici ; si, par hasard, il faisait quelques difficultés, nous prierons Madame de lui parler... Je lui ai déjà dit quelque chose de notre amour... Elle s'intéressera en votre faveur.

TRAWLEY.

Et vous croyez qu'elle peut être sensible, votre maîtresse ? (*Appuyant*) *une femme* qui ne suit pas les modes... *une femme* qui ne sait pas ce que c'est qu'un cachemire des Indes... Il est impossible que ça ait un cœur !..

MARGUERY.

Ah ! ça mais... comme vous dites ça d'un ton singulier !

TRAWLEY, *remontant et montrant la porte de gauche* (1)

C'est que, tout à l'heure, Marguery, quand je regardais votre maîtresse, il me semblait voir monter à cheval ce portrait...

MARGUERY.

Qui est dans le salon ?

TRAWLEY.

Oui... avec des yeux...

MARGUERY.

Magnifiques...

TRAWLEY.

Scélérats !.. effrayants pour les maris.

MARGUERY.

C'est M. William Herfort, le frère de Madame...

TRAWLEY.

Un apprenti marin, un assez mauvais sujet de dix-sept ans, dont on raconte une foule d'espiègleries...

(1) Trawley Marguery.

MARGUERY.

Justement !

TRAWLEY.

Vous avez dû le voir ici ?

MARGUERY.

M. William ? sans doute... c'est-à-dire non... non !

TRAWLEY.

Hein ?

MARGUERY.

Je ne l'ai jamais vu.

TRAWLEY, *à part.*

Elle se trouble !.. il y a quelque chose !..

MARGUERY, *à part.*

J'oubliais la consigne : défense de parler de lui, à cause de ce duel !..

TRAWLEY, *à part, réfléchissant.*

On a vu des exemples de ces sortes de déguisements. (*On entend rire.*) Il ne faut pas rire...

MARGUERY.

Ce n'est pas moi... c'est la cousine de Madame, milady Dolly ; elle est avec sir Frédéric Anderson, le prétendu de ma maîtresse... C'est lui qui a fait apporter, hier, sans qu'elle les vit, tous ces cartons, ce piano...

TRAWLEY, *regardant vers la porte de gauche.*

A la bonne heure !.. voilà une femme !.. une femme comme il faut... c'est habillé...

MARGUERY.

Aussi, c'est une belle dame de Londres, une coquette, comme l'appelle ma maîtresse, une veuve qui voudrait bien attraper un second mari.... Elle est venue au château pour tâcher, dit-elle, de ramener milady Héléna au monde... à la civilisation...

TRAWLEY.

Mais c'est qu'elle paraît elle-même très policée... avec ça, la coiffure est un peu mois dernier... Mais enfin, c'est une jolie toilette de campagne.

MARGUERY.

Mai, monsieur Trawley, allez donc trouver mon père.

TRAWLEY.

Laissez-moi donc, j'observe, j'étudie... c'est bien... c'est très bien... demandez donc, à cette dame, le patron de son fichu.. le fichu est parfait... (*A part.*) Oh ! j'éclaircirai mes doutes... (*Il sort.*)

SCÈNE II.

FRÉDÉRIC, DOLLY, MARGUERY.

DOLLY, *entrant par la gauche, à Marguery qui va sortir.*

Déjà partie ?

MARGUERY, *revenant.*

Oui, milady, pour la chasse, suivie de M. Jarvis.

FRÉDÉRIC.

M. Jarvis?

DOLLY, à *Frédéric*.

Un vieux voisin... un ami d'enfance du général.

MARGUERY.

Dès cinq heures, il était sous les fenêtres fesant exécuter des fanfares.

DOLLY.

Je l'ai bien entendu... il m'a réveillée, en sursaut, au milieu des plus jolis rêves!

MARGUERY.

Il avait envie d'y joindre une salve de mousqueterie.

FRÉDÉRIC.

Il aura craint de l'effrayer?

MARGUERY.

Oh! non... pas madame... le gibier!..

FRÉDÉRIC.

Ah! c'est seulement par égard pour le gibier?

MARGUERY.

Sans doute!.. milady ne s'effraie pas pour si peu.

FRÉDÉRIC.

Vraiment! (*Dolly fait signe à Marguery qu'elle peut se retirer. Marguery fait une révérence et sort.*)

SCÈNE III.

FRÉDÉRIC, DOLLY.

(*Pendant cette scène, quelques éclairs et le tonnerre, au loin.*)

DOLLY, gaîment.

Tant de bravoure vous étonne, je le vois, mon cousin... oui... je comprends: il y a si longtemps que vous avez quitté cette chère Héléna, et, arrivé seulement d'hier au soir... vous l'avez à peine vue.

FRÉDÉRIC.

Mais, en retrouvant dans sa personne toutes les grâces que je lui connaissais, j'ai pensé qu'elle n'avait rien perdu de ses aimables et douces qualités, de ses talents... chez ma tante, où nous étions élevés ensemble, elle recevait une brillante éducation; elle en avait profité: ornement de nos bals, charme de nos concerts...

DOLLY, avec un peu d'ironie.

Ah!.. oui, autrefois!.. c'est alors que votre cœur conçut pour elle un amour...

FRÉDÉRIC, vivement.

Que le temps ni l'éloignement n'ont pu affaiblir...

DOLLY.

Quel dommage que vous ne l'ayez pas épousée!

FRÉDÉRIC.

Sans fortune, pouvais-je lui faire partager l'incertitude de mon sort!.. Pour elle, pour son bonheur, je dus imposer silence à mon cœur... je m'éloignai, je me rendis aux vœux d'un oncle, qui m'appelait près de lui, dans les Indes!

DOLLY.

Et elle, pour obéir à sa tante, épousa le vieux général Miller!.. Un père plutôt qu'un mari!.. C'est un vrai roman que votre histoire!.. Enfin le général est mort, il y a deux ans, laissant à sa veuve toute sa fortune... L'oncle indien vous a légué la sienne,. toujours fidèle, vous voilà de retour près d'Héléna... Et moi, sur l'invitation de ma cousine, j'ai quitté tous les plaisirs de Londres, pour venir, au fond de l'Écosse, assister au dénouement obligé du roman... au mariage...

FRÉDÉRIC.

Dénouement que nous n'osions prévoir; mais au-devant duquel nous avons couru dès qu'il nous a été permis de l'espérer: sans nous être revus, entraînés par la seule impulsion de nos chers souvenirs, ignorant l'un et l'autre notre situation de fortune, je venais d'écrire à Héléna, devenue libre, pour lui demander sa main, lorsque je reçus d'elle l'offre de partager le sort brillant que lui a fait le général...

DOLLY.

Voilà de la sympathie!.. avec de pareils préliminaires, la conclusion ne doit pas se faire attendre...

FRÉDÉRIC.

Je l'espère...

DOLLY, à *part*.

Et moi, j'en doute!

SCÈNE IV.

MARGUERY, FRÉDÉRIC, DOLLY, HÉLÉNA EN

AMAZONE, JARVIS, CHASSEURS.

MARGUERY, accourant.

L'orage a ramené la chasse; voici milady et tous ces messieurs.

MORCEAU D'ENSEMBLE.

LES CHASSEURS arrivant en désordre.

Cet orage effrayant,
Ce terrible ouragan,
A rentrer vite
Nous invite.
Il nous faut revenir!
De notre déplaisir
Le gibier va se réjouir.

(*Les éclairs et le tonnerre cessent après le chœur.*)

HÉLÉNA, entrant avec humeur.

Chasse manquée!

JARVIS.

Affreux orage!
Je suis perclus!..

HÉLÉNA, *frappant la terre de son fusil.*
Et moi j'enrage !..
(Frédéric s'est avancé.) (1)
Eh ! mais, que vois-je ?.. mon cousin !..
FRÉDÉRIC, *la salue.*
Chère Héléna..
HÉLÉNA, *elle jette son fusil et court à lui.*
Frédéric, votre main !....
(Elle lui secoue la main cavalièrement.)

FRÉDÉRIC, HÉLÉNA.
Tourment de l'absence,
Fuis loin de mon cœur !
Renais, espérance ;
Voici le bonheur !

HÉLÉNA.
Cher compagnon de mon enfance,
Qu'avec plaisir, ici, je vous revoi !

FRÉDÉRIC.
Après six ans d'attente et de souffrance,
Que cet accueil est doux pour moi !

FRÉDÉRIC, HÉLÉNA.
Tourment de l'absence,
Fuis loin de mon cœur,
Renais, espérance.
Voici le bonheur !

TOUS LES AUTRES.
Non, non, plus d'absence ;
Amis, le bonheur,
De votre constance
Est le prix flatteur !

HÉLÉNA, *à Jarvis et aux chasseurs.*
Messieurs, je vous présente
Sir Frédéric Anderson, mon cousin.
(Frédéric passe auprès de Jarvis.)

JARVIS, ET LES CHASSEURS.
Salut, salut au cher cousin !
FRÉDÉRIC *à Héléna.*
Bientôt, mieux que cela ?...
DOLLY.
Je suis impatiente
De ton bonheur...
HÉLÉNA, *à Frédéric.*
Eh ! bien donc... à demain !
FRÉDÉRIC.
Vous êtes bonne autant que vous êtes charmante !
TOUS.
Demain, à la chapelle,
Par le prêtre bénis,
D'une chaîne éternelle
Nos
   } cœurs seront unis !
Vos

HÉLÉNA.
Mais n'attendez, mon cousin, je vous prie,
Ni concert, ni fête, ni bal...

(1) Marguery, Dolly, Frédéric, Héléna, Jarvis.

DOLLY, *bas à Marguery.*
De la danse, ce soir, je donne le signal !
JARVIS.
Toute pompe mondaine est de ces lieux bannie !
Quel trésor vous allez avoir !
C'est mon élève !
(Héléna revient près de Jarvis.
FRÉDÉRIC, *à part.*
Ainsi devais-je la revoir !
DOLLY, *à part.*
La surprise, au cousin, n'est pas fort agréable !
JARVIS.
Mais un déjeuner confortable,
Messieurs, nous attend au parloir.
(A Frédéric.)
Nous ferons connaissance à table,
Qu'au festin,
Le bon vin,
De la chasse
Nous délasse.
A table ! (bis) du chasseur c'est le refrain.

CHŒUR.
Qu'au festin,
Le bon vin, etc.
*(Tous sortent par la gauche, Héléna prend le bras
de Frédéric, Jarvis donne la main à Dolly.*

SCÈNE V.
TRAWLEY, *seul, entrant par le fond.*
Laboureur insipide !... brute de paysan !.. Se
peut-il que je sois exposé à avoir pour beau-père
un homme aussi favorisé de la nature sous le rap-
port de la stupidité !.. Il se vante d'avoir donné
l'existence à ma gentille Marguery ?.. il n'y a pas ça,
de lui, dans cette délicieuse créature ! — « Qu'est-ce
que tu sais faire ? » — que me dit cet homme sans
éducation... Je lui ai répondu modestement :

CAVATINE.
Je suis l'esclave et le complice
D'un sexe, hélas ! séducteur
Et trompeur !
Oui, de mon talent, l'artifice,
De plus d'un cœur,
Le rend vainqueur,
Par un charme imposteur.

Souvent de la nature
Je corrige l'erreur,
Grâce à moi, la parure
Embellit la laideur...

Je suis l'esclave et le complice, etc.
(Parlé.) En un mot :
Je fais des Bibis,
Dans un goût exquis ;
Je fais des turbans
En gaze, en rubans ;
Je fais des bérets,

Je fais des bonnets,
Des corsets flatteurs
Et des fichus menteurs !

Mon adresse,
Ma prestesse
Me font partout respecter
Et citer ;
Le beau monde,
A la ronde,
Vient, soir et matin,
Dans mon magasin...

(*Parlant.*) 8... rue du Régent, à Édimbourg...La devanture en lilas... des moulures en or, et quinze ouvrières dedans, qui sont la vertu même, . avec des rideaux de gaze... où, tous les jours, et quelquefois la nuit...

REPRISE.

Je fais des Bibis
Dans un goût exquis, etc.

« Tu fais de ça, toi ! » — continue l'homme sans éducation, « — tu n'es qu'une quasi-femme, tu n'es pas un homme ! » — Je ne suis pas un homme ? moi !... comme si je ne sentais pas là, sous mon gilet de tartan , que j'ai un cœur d'homme !.. oui, je suis un homme !... (*Il aperçoit le fusil d'Héléna posé à droite, près du fauteuil ; il le prend.*) Si l'on me refuse Marguery, je quitterai mon magasin , je m'engagerai, je me battrai... on me fera caporal... et l'on verra.

SCÈNE VI.
HÉLÉNA , TRAWLEY.

HÉLÉNA , *entrant par la gauche, parlant au dehors.*

Comment ! pour moi des rubans, des parures, chapeaux !.. quelle folie !..

DUO.

HÉLÉNA , *allant regarder, avec dédain, les cartons à gauche.*

Moi, m'occuper de bijoux, de dentelles !
Fi ! loin de moi, loin de moi tout cela !
Sans ces brillantes bagatelles ,
Certainement mon cousin m'aimera.

TRAWLEY.

Moi, renoncer aux modes, aux dentelles !
Contre un fusil, échanger tout cela !
Ladys et nobles demoiselles,
Hélas ! sans moi, qui donc vous parera ?

HÉLÉNA.

Oui, ces atours ont, pour moi, peu de charmes ;
Voyons, pourtant... essayons ce chapeau...
(*Elle prend un chapeau*)

TRAWLEY.

Qui sait, pourtant, sous ces horribles armes,
Peut-être serai-je plus beau ?
(*Il soulève le fusil.*)
Oh ! que c'est lourd !..

HÉLÉNA.
Mais suis-je bien coiffée ?...

(*Voyant Trawley.*)

Le maladroit !

TRAWLEY, *regardant Héléna,*
Comme elle est attifée !

HÉLÉNA, *lui prenant le fusil et le plaçant sur l'épaule de Trawley.*
Allons, prenez un plus ferme maintien.

TRAWLEY, *arrangeant le chapeau sur la tête d'Héléna.*
Attendez donc... ce chapeau n'est pas bien.

HÉLÉNA, *avec ironie.*
Vous voulez faire l'exercice ?

TRAWLEY.
Oui, pour entrer dans la milice...
Vous cherchiez un ajustement ?...

HÉLÉNA.
Oui.... mais lequel ?.... Je n'en sais rien vraiment !

TRAWLEY (1), *après avoir pris dans les cartons une fleur, qu'il ajuste sur le chapeau.*
Si vous voulez m'en croire...

HÉLÉNA, *faisant les différents temps de l'exercice.*
Si vous voulez m'en croire...

TRAWLEY,
Une robe de moire...

HÉLÉNA.
Pour aller à la gloire...

TRAWLEY.
Rose ou bien nacarat...

HÉLÉNA.
Le métier de soldat...

TRAWLEY.
Aura beaucoup d'éclat !...

HÉLÉNA.
Est le plus bel état !

TRAWLEY, *lui montrant les cartons.*
Quelle toilette !
Tenez, voyez...

HÉLÉNA.
Levez la tête !
Allons, marchez !...
Ferme, en mesure...
Marquez le pas.

TRAWLEY.
Cette parure
Pleine d'appas....

HÉLÉNA.
Au pas ! au pas !
(*Elle lui donne le fusil et marque le pas.*)
Si vous voulez m'en croire,
Pour aller à la gloire,
Le métier de soldat
Est le plus bel état !

TRAWLEY, *portant le fusil ridiculement et marchant gauchement.*
Si vous voulez m'en croire,
Une robe de moire,
Rose ou bien nacarat,
Aura beaucoup d'éclat.

HÉLÉNA, *commandant l'exercice.*
Rantanplan, tan plan, tau plan,
Portez-armes !... en avant !

(1) Trawley, Héléna.

TRAWLEY, *passant devant Héléna.*
Rantan plan, tanplan, tanplan!
C'est vraiment trop fatigant! (1)
(*Il laisse tomber son fusil. Frédéric est entré à
la fin du duo. Héléna l'aperçoit.*)
HÉLÉNA.
Mon cousin !.. Sortez, M. Trawley !
TRAWLEY.
Je ne demande pas mieux !.. j'ai les bras cassés !
(*En sortant, à part.*) C'est une femme, ça ?.. Oh!
non ! oh! non ! oh ! non !

SCÈNE VII.

HÉLÉNA, FRÉDÉRIC.

HÉLÉNA.
Comme vous me regardez, mon cousin !
FRÉDÉRIC, *revenant à lui.*
Ah ! c'est que, depuis si longtemps, je suis privé
de ce plaisir...
HÉLÉNA.
Je vous crois sincère... pourtant je trouve...
dans vos regards... autre chose encore que de la
tendresse...
FRÉDÉRIC, *embarrassé.*
Comment ?.. je vous assure que jamais...
HÉLÉNA, *l'interrompant.*
Allons, ne cherchez pas à m'échapper par un
compliment... n'avez-vous à m'offrir que ces
fadeurs, dont tout homme se croit obligé d'accabler
une pauvre femme ?.. Tenez... appelez-moi *Tom*
ou *James*, si vous voulez ; mais parlez-moi comme
à votre camarade, à votre ami...
FRÉDÉRIC, *gravement.*
Non, Héléna !.. voilà ce qu'il ne faut pas, ce qui
ne doit jamais être... et, puisque vous exigez de la
franchise, je vous dirai que je n'ai pu voir sans
surprise, sans chagrin, le changement qui s'est
fait en vous, depuis notre séparation ?
HÉLÉNA.
Moi ! que voulez-vous dire ? Pour vous, Frédéric, je suis toujours la même.
FRÉDÉRIC.
Oui, votre cœur... et j'en suis heureux... Mais
vos manières... vous qui brilliez par tant de
grâces !.. vous dont les talents faisaient autrefois
l'admiration !...
HÉLÉNA, *avec un peu d'amertume.*
Oh! des grâces ! des talents! et qu'en aurais-je
fait au fond de votre Écosse, auprès de mon mari ?.. comment s'occuper de musique ? Le canon
l'avait rendu sourd... de danses et de bals ?.. toujours souffrant de la goutte, il ne pouvait se tenir
qu'à cheval ou dans son fauteuil... je l'aurais
rendu martyr de mes plaisirs !.. Non, je préférai
les sacrifier... et, vous le savez, ce n'était que

(1) Héléna, Frédéric *un peu au fond*, Trawley.

justice... Pauvre orpheline, élevée presque par
charité dans la maison de votre tante, le général
Miller m'avait tirée de la dépendance pour me créer
une existence assurée... un avenir... pouvais-je
trop faire pour lui ?.. j'avais moi-même besoin d'a-
gitation pour m'arracher à mes pensées, pour
étouffer des regrets. . alors inutiles... je devins
donc le compagnon de mon mari ; ses goûts furent
les miens ; le parc retentit du bruit des cors et des
cris des chasseurs ; le château des toasts et des
chansons des convives... Resté dans ses habitudes,
le général ne connut pas un instant d'ennui et ter-
mina, heureux et tranquille, une carrière... que
j'aurais voulu prolonger encore!
FRÉDÉRIC.
Ah! je reconnais, à ce dévouement, toute la gé-
nérosité de votre âme, Héléna! mais, aujourd'hui,
les mêmes raisons n'existent plus : vous êtes libre ;
vous allez, sans doute, redevenir telle que je vous
ai connue jadis ?
HÉLÉNA.
Y pensez-vous ? quand cette manière de vivre
m'assure la liberté, rentrer dans l'esclavage de
votre étiquette ! et pour qui faire ce sacrifice ?
Pour ce monde qui nous a si longtemps séparés !..
Oh! je lui garde rancune !..
FRÉDÉRIC.
Eh! bien, puisque c'est moi qui vous ai brouil-
lée, j'espère vous réconcilier... Oui, vous n'avez
pu, jusqu'à présent, connaître du monde que ses
exigences et ses ennuis... je veux vous faire ap-
précier ses charmes et ses plaisirs ; avec moi, et si
vous consentez à lui faire quelques avances, il va
s'empresser de rendre hommage à vos aimables
qualités, vous entourer d'égards, de respects...
HÉLÉNA, *regardant avec bonheur autour d'elle et
remontant la scène* (1).
Non, non! j'aime mieux mon vieux château,
mes voisins... mon bon Jarvis surtout !.. eux, au
moins, ils n'exigent rien... ils sont faits à mes habitudes, ils les partagent... je suis reine ici, et, s'il
faut l'avouer... je suis restée femme sur ce point...
j'aime l'autorité.
FRÉDÉRIC, *un peu ému.*
Cependant, vous le savez... nous tenons tous,
à la société, par des liens qu'un caprice ne peut
rompre ; . Nos relations, nos devoirs nous sont
imposés... il faut les subir... Les héroïnes de Walter
Scott sont très séduisantes... sans doute... dans ses
romans ; mais ce seraient des compagnes fort peu
aimables pour un mari... surtout s'il était diplo-
mate...
HÉLÉNA, *surprise.*
Je vous comprends, Frédéric... je ne puis plus
assurer votre bonheur. .
FRÉDÉRIC.
Ah! loin de moi, une semblable pensée !..

(1) Frédér. Héléna.

Comme aux premiers jours de notre amour, ce cœur ne place d'espoir qu'en vous... mais j'ai dû vous avertir .. ce ne serait pas vous aimer, qu'accepter pour des qualités...

HÉLÉNA, *avec dépit.*

Mes défauts, mon cousin?.. je ne pensais pas qu'après une aussi longue séparation, ce seraient mes défauts, qui vous frapperaient d'abord...

FRÉDÉRIC.

Héléna, pouvez-vous croire?..

HÉLÉNA, *fièrement.*

Je vous remercie des obligeants conseils que vous voulez bien me donner... mais je vous avertis qu'il est inutile de les répéter.

FRÉDÉRIC.

Héléna!

HÉLÉNA, *de même.*

Vous ignoriez ce qu'avaient fait de moi le besoin d'oubli... la solitude... Vous m'avez vue... jugez-moi... mais, songez-y... je ne ferai rien pour retrouver ces grâces frivoles d'un monde, qui vous charme et que je déteste, ces belles manières dont l'élégance vous paraît préférable aux sentiments vrais, à l'affection d'un cœur sincère...

FRÉDÉRIC.

Je n'ai pas dit cela !..

HÉLÉNA.

Réfléchissez donc, mon cousin ; car mon parti est pris, et je suis bien décidée à ne point en changer... avec ma main, vous accepterez tous mes défauts... ou, s'ils vous épouvantent... vous êtes libre, je vous rends votre parole... (*Elle s'éloigne, se dirigeant vers la droite.*)

FRÉDÉRIC, *la suivant.*

Mais! Héléna, je vous en prie...

HÉLÉNA.

Réfléchissez, mon cousin, réfléchissez. (*Elle sort.*)

SCÈNE VIII.

DOLLY, FRÉDÉRIC.

FRÉDÉRIC.

Allons, elle se fâche maintenant !.. et, pourtant, je lui devais la vérité...

DOLLY, *entrant en riant aux éclats.*

Ah! ah! ah!.. c'est charmant!.. mon cousin, je vous fais mon compliment... Tout ce que vous avez apporté, pour Héléna, est d'un goût délicieux!.. Les toilettes les plus fraîches, les bijoux les plus élégants, un piano, des romances nouvelles. . c'est divin !. Il n'y a qu'un malheur... c'est que tout cela est inutile...

FRÉDÉRIC.

Tout-à-l'heure, j'hésitais encore à le croire... mais à présent...

DOLLY.

Voulez-vous lui plaire?.. offrez fusils et couteaux de chasse, cravaches et poires à poudre... l'équipage d'un *Robin des bois!..* Voilà ce qui la charme, ce qui l'enchante... En un mot, voilà ce qui devait composer la corbeille de mariage de votre belle fiancée!

FRÉDÉRIC.

Ainsi donc plus d'espoir!.. Héléna a tout oublié... tout, jusqu'à ces usages, ces grâces auxquelles nous attachons tant de prix!..

DOLLY, *changeant de ton et plus sérieusement.*

Tout... si vous l'abandonnez à elle-même ; rien, si vous montrez un peu d'énergie... une femme n'oublie jamais ce qui la rend aimable... Maintenant, elle ne veut pas se souvenir... il faut l'y contraindre.

FRÉDÉRIC.

Eh! comment?.. à l'instant, j'ai essayé de lui donner des conseils, de lui faire quelques observations... elle les a reçues avec une hauteur...

DOLLY.

Sans doute!. . (*Gaîment.*) Trouvez donc une femme, qui accepte, tout d'abord, un bon avis ?... qui se corrige au premier mot de raison!.. ce serait un prodige !.. appuyez, insistez...

FRÉDÉRIC.

Pour lui faire de la peine, peut-être?.. Je n'aurai jamais ce courage... je lui sacrifierai plutôt ce monde, qui lui déplaît tant.

DOLLY.

Et vos devoirs, et votre avenir?...

FRÉDÉRIC.

Que m'importe! pourvu qu'elle soit heureuse... Oui, j'habiterai avec elle ce gothique château... je prendrai ses goûts...

DOLLY.

Admirable!.. mais, mon cher cousin, lorsqu'on est heureux, on aime à recevoir quelques amis pour les rendre témoins de son bonheur, pour leur faire partager sa joie... Un mari est fier des éloges donnés à sa femme... il jouit de ses succès!.. mais il est honteux, il rougit des railleries que lui attirent ses ridicules...

FRÉDÉRIC.

Ses ridicules!.. ma cousine... vous êtes sévère.

DOLLY.

Je suis sincère... oui, ses ridicules, si légers qu'ils soient, souvent plus insupportables que de vrais défauts... Enfin, vous l'aimez, elle vous aime?.. vos six années de constance sont là pour l'attester... irez-vous perdre de pareilles avances?.. croyez-moi ; exigez, elle cédera.

COUPLETS.

L'amant sur nous a tant d'empire!...
Ce qu'il permet, ce qu'il défend,
Dans son regard, on apprend à le lire,
Et, dans son silence, on l'entend.
L'orgueil réclame.. envain!.. il doit se taire:
Alors qu'on aime, on craint tant de déplaire!..
Je vous dis la notre secret,
Soyez discret! Soyez discret!

Du cher tyran, qui règne sur notre âme,
Les desirs sont pour nous des lois;
Ce qu'il dédaigne, on le fuit, on le blâme,
Sa bouche dicte notre choix.
Oui, c'est ainsi, prude, coquette, ou fière:
Car, lorsqu'elle aime, une femme veut plaire..
Je vous dis la notre secret,
Soyez discret, soyez discret!

FRÉDÉRIC.

Mais que faire ?

DOLLY.

Annoncer franchement, fermement votre aversion pour les bois, la chasse, les chiens, les chevaux, les chasseurs, et touteslesbêtes en général... déclarer qu'il faut opter entre vous et les charmes de cette vie, à son de trompe et à coups de fusils...

FRÉDÉRIC.

Et, si l'on résiste?...

DOLLY.

Oh! l'on résistera... alors, vous prenez votre parti... vous placez ailleurs votre affection.

FRÉDÉRIC.

Comment?..

DOLLY.

Ne suis-je pas là, moi?.. oh! ne craignez rien... je n'attente pas à votre liberté... mais, croyez-moi, la jalousie est un remède infaillible... il agit à la fois sur l'amour et sur l'amour-propre.

SCENE IX.

DOLLY, FRÉDÉRIC, HÉLÉNA. *Héléna entre vivement par la droite.*

TRIO.

HÉLÉNA.

Mon cousin!..
    DOLLY ET FRÉDÉRIC.
    La voici!...
HÉLÉNA, *les regardant tous deux.*
Pardon... je vous dérange...
    FRÉDÉRIC, *froidement.*
Nullement...
    HÉLÉNA, *à part.*

Seuls.... ainsi..
    DOLLY, *à Frédéric.*
Tenez bon!..,
    HÉLÉNA, *à part*
    C'est étrange!..
Comme, à sa vue,
Je suis émue!
De cet instant
Mon sort dépend!
    DOLLY, *à Frédéric.*
Point de faiblesse,
Qui vous abaisse;
Pour son bonheur,
Montrez du cœur!

ENSEMBLE.

DOLLY, *à part.*
Comme, à sa vue,
Elle est émue!
De cet instant
Son sort dépend.
    FRÉDÉRIC, *à part.*
Mon âme émue,
Irrésolue,
Voit cet instant
En frémissant.
    HÉLÉNA, *à part*
Comme, à sa vue,
Je suis émue!
De cet instant
Mon sort dépend.

(Dolly va au piano, et prend de la musique, tout en écoutant Héléna et Frédéric.)
    HÉLÉNA, *à Frédéric.*
Qu'avez-vous décidé?...
    FRÉDÉRIC.
    Mais...*(à part)* Je crains sa colère...
    HÉLÉNA.
Vous hésitez encor?
    FRÉDÉRIC.
    Moi!.. non pas.. pour vous plaire..
    DOLLY, *revenant vivement et chantant.*
Tralala, lalala... ce motif est charmant!
N'est-ce pas, mon cousin?
    FRÉDÉRIC, *galamment.*
    grâce à votre talent !
    HÉLÉNA, *avec dépit.*
Bien! mais c'est fort galant!
    (A part.)
Il faut donc, à tout prix, que la coquette brille!
    DOLLY.
Tralala, lalala... j'en veux faire un quadrille,
Tralala, lalala...Il est vif et dansant.
    FRÉDÉRIC, *à Dolly.*
Vous le chantez si bien! *(bas.)* Ménagez-la je tremble.
    HÉLÉNA, *les observant.*
Comment ! en ma présence, oser lui parler bas!
    DOLLY *à Frédéric.*
Ici, je veux qu'un soir nous le dansions ensemble.

HÉLÉNA, *avec humeur.*

Ici!... vous oubliez que l'on n'y danse pas!

DOLLY, *passant près d'elle.* (1)

Tant pis, ma chère !
Moi qui veux plaire,
Danse légère
Toujours me charmera.

HÉLÉNA.

On veut lui plaire,
Mais, je l'espère,
Son cœur sincère
Toujours me restera!

FRÉDÉRIC.

Oh ! sa colère
Me désespère ;
Mon cœur sincère
Toujours lui restera.

(Dolly va poser la musique sur le piano et revient
près de Frédéric.) (2)

HÉLÉNA.

Je vous ai, mon cousin, fait connaître mes goûts.
Dites-moi, franchement, les partagerez-vous ?

DOLLY, *bas à Frédéric.*

Courage! et, j'en réponds, la victoire est à nous!

HÉLÉNA, *voyant que Frédéric se tait.*
J'adore la solitude.....
FRÉDÉRIC, *appuyant.*
Du monde j'ai l'habitude..
HÉLÉNA, *s'animant.*
Mon plaisir est de chasser..
FRÉDÉRIC.
Moi, j'aime encore à valser !
HÉLÉNA, *vivement.*
Nous ne pouvons pas nous entendre ,
Eh! bien, point de difficulté !...
Car chacun de nous va reprendre
Sa parole et sa liberté !
FRÉDÉRIC, *effrayé.*
Sa parole et sa liberté !...

DOLLY, *bas,*

Montrez donc de la fermeté !

HÉLÉNA.

Point d'esclavage!
Je vous dégage :
Je refuse un hommage
Menteur.
Assez de feinte.
Plus de contrainte,
Ailleurs, sans crainte,
Offrez maintenant votre cœur

(1) Frédéric, Dolly, Héléna.
(2) Dolly, Frédéric, Héléna.

ENSEMBLE.

Point d'esclavage!
Etc., etc.

DOLLY.

Ayez courage!
Car son langage
Bientôt, je gage,
Aura pour vous plus de douceur !
Soyez sans crainte,
C'est une feinte,
Une contrainte
Dont, hélas ! souffre trop son cœur !

FRÉDÉRIC.

Je perds courage!
Quand je l'outrage,
Un tel langage
Peut-être a détruit mon bonheur!
Cruelle feinte!
Triste contrainte!
Je meurs de crainte,
D'avoir ainsi perdu son cœur !

(Héléna fait signe à Frédéric de la laisser. Il la
salue respectueusement et se retire, donnant la
main à Dolly.)

SCÈNE X.

HÉLÉNA, *seule.*

HÉLÉNA, *regardant sortir Frédéric.*

Quel changement! lui, si bon, si dévoué... si
soumis... il exige, il commande... il prétend me
donner des leçons!.. oh! je ne le souffrirai pas!..
Eh ! bien, oui... c'est fini... tout est rompu... Puisque mes manières ont pu lui déplaire au point de
les croire un obstacle à son bonheur, j'ai dû lui
rendre sa parole... *(Avec dépit.)* Il n'ira pas loin
pour trouver la femme aimable, brillante, qui doit
embellir sa vie...*(Pleurant malgré elle.)* Ah! Dolly,
c'est bien mal ! *(Elle va s'asseoir à droite.)*

SCÈNE XI.

TRAWLEY, HÉLÉNA.

TRAWLEY , *entrant par la gauche et parlant au*
dehors.

Oui, monsieur, oui, madame, je lui dirai et je
n'aurai pas peur... *(En scène, montrant une lettre.(*
Je le tiens, le secret! Tout-à-l'heure, par amour
pour Marguery, je décousais un habit d'amazone...

j'arrivais délicatement à la poche, quand je trouve...
ah! mes nerfs de modiste en tressaillent encore...
(*Il lit la suscription.*) « A M. William Herfort,
midshipmann, au château de Sherwood... » Voilà!..
(*Montrant Héléna.*) c'est un homme!

HÉLÉNA, *se retournant au bruit.*

Qu'est-ce que c'est?..

TRAWLEY, *tremblant, à part.*

Prenons garde : les marins sont brutaux!

HÉLÉNA, *avec humeur.*

Que voulez-vous?

TRAWLEY.

Madame... c'est... (*A part.*) J'ai encore la bon-
homie de l'appeler madame!..

HÉLÉNA, *plus impatiente.*

Parlerez-vous, voyons?..

TRAWLEY, *s'enhardissant.*

Oui! oui! (*A part.*) Quel ton maritime! comme il
se trahit!.. Petit loup de mer, va!

HÉLÉNA.

Eh! bien?

TRAWLEY, *se décidant.*

Eh! bien, oui, je parlerai... Fi! c'est affreux!
c'est abominable? . (*Héléna le regarde, étonnée.*)
troubler le repos d'un pauvre jeune homme!

HÉLÉNA.

Comment?..

TRAWLEY.

Si c'était à votre bord, je ne dis pas... encore, la
discipline... mais, c'est l'affaire du capitaine ou de
l'amiral.... mais dans votre château!... quand
vous devez le bon exemple... ah! fi! je le ré-
pète : fi!

HÉLÉNA.

De quoi s'agit-il donc?

TRAWLEY.

Ah! que vous le savez bien!.. Vous vous croyez
tout permis parce que vous avez tué deux hommes,
l'année dernière!

HÉLÉNA.

Tué deux hommes!

TRAWLEY.

Je dis deux,... plus ou moins... mais sachez que
ce n'est pas à moi que l'on peut en faire accroire...
je me connais en femmes... moi!..

HÉLÉNA.

Hein?..

TRAWLEY.

Et M. Frédéric s'y connaît aussi!

HÉLÉNA.

Que veut-il dire?

TRAWLEY.

M. Frédéric est au fait... il sait tout et il est
indigné, M. Frédéric... comme moi, M. Frédéric!..

HÉLÉNA.

Frédéric?..

TRAWLEY.

Et milady Dolly aussi!.. et j'ai pu donner dans le
piége!.. Une femme qui chasse... une femme qui
fait l'exercice! allons donc!.. vous êtes reconnu,
mon lieutenant!

HÉLÉNA, *marchant avec agitation, et passant à
gauche.*

Mon lieutenant!.. Ah! je comprends... nouvelle
leçon que Dolly, que M. Frédéric prétendent me
donner, et ils ont choisi cet imbécille...

TRAWLEY.

Hein!.. mais!.. (*Héléna le regarde.*) Si je ne res-
pectais pas sa robe...

HÉLÉNA.

Me prendre pour leur jouet, m'insulter!.. Ah!
je ne souffrirai pas... non! par Saint-Georges. (*Elle
frappe du pied.*)

TRAWLEY, *effrayé.*

Il se fâche!.. s'il allait me traiter comme ce pauvre jeune homme défunt. (*Il veut s'esquiver.*)

HÉLÉNA.

Restez.

TRAWLEY, *tremblant.*

Mais...

HÉLÉNA.

Restez!.. je veux savoir de lui... (*On entend un
bruit de voitures.*) Qu'est-ce que cela encore?

TRAWLEY, *regardant par la fenêtre.*

Des dames, des gentlemen arrivent en costume
de bal...

HÉLÉNA.

Chez moi! une réunion!... une fête! encore
Dolly! Pour m'humilier, me rendre plus ridicule
aux yeux de Frédéric... Eh bien! non!.. (*Elle
court aux cartons.*) Venez ici, vous.

TRAWLEY, *allant vers elle.*

Me voici...

HÉLÉNA.

Vous êtes modiste?

TRAWLEY.

A votre service..., mon lieut...

HÉLÉNA.

Prenez tout cela! (*Elle lui met les cartons
sur les bras.*) Vous vous connaissez en chiffons,
en robes, en coiffures?

TRAWLEY.

Mais... je m'en pique.

HÉLÉNA.

C'est bien!.. suivez-moi...

TRAWLEY, *suivant Héléna, les cartons sur les bras.*

Comment, voudriez-vous?..

HÉLÉNA, *sans l'écouter.*

Ah! l'on reçoit chez moi sans me prévenir. .
Ah! je suis ridicule... je suis un homme!.. (*Pous-
sant Trawley.*) Mais, marchez donc, vous, marchez donc!

TRAWLEY.

Oui, mon lieutenant!.. il a un bien beau com-
mandement! (*Il sort avec Héléna par la droite.*)

SCÈNE XII.

DOLLY, en costume de bal, entrant par la gauche.

CAVATINE.

De dompter l'Amazone aurons nous donc la gloire,
    Et l'amour pourra-t-il remporter la victoire!
        Chère Héléna, croyez en mes avi.
Que, dans votre intérêt, par vous ils soient suivis:

        Aux hommes laissons, en partage,
        Laissons ces jeux et ces plaisirs bruyants,
        Qui veulent et force et courage!
        Gardons, pour nous, ces arts charmants,
            Ces aimables talents,
        Où la grâce, surtout, nous donne l'avantage:
            Femmes, voilà notre apanage!

        Ici, l'on danse et j'aperçois
        Nymphe, qui sur ses pas entraîne,
        Là bas, on chante: une syrène
        Ravit tous les cœurs par sa voix!
        Oui, du talent, tels sont les droits!
            Ah!... chacune est reine,
                Souveraine
            Tout cède à ses lois!

        Mesdames, loin de dédaigner
        Les arts, comme chose légère,
        Aimons-les; par eux l'on sait plaire
            Et plaire, c'est régner!

        Ici, l'on danse et j'aperçois etc,

SCÈNE XIII.

FRÉDÉRIC, DOLLY, JARVIS.

FRÉDÉRIC, entrant par le fond.

Voici vos invités.

JARVIS, arrivant par la droite.

Eh! mordiable! que se passe-t-il donc ici? plus
de bouteilles dans la salle à manger; les trophées
de pipes, du petit salon, remplacés par des giran-
doles; les laquais en bas de soie; des femmes pa-
rées, des fleurs, un orchestre!.. m'expliquerez-
vous ce désordre?..

DOLLY.

Rien de plus facile: cher M. Jarvis, nous vous
donnons un bal.

JARVIS.

Profanation! un bal au château de Sherwood!
que dira milady?

DOLLY.

Milady sera surprise... comme vous; tout cela
est une improvisation, qui part de là.

JARVIS.

Je m'en doutais... une tête folle

SCÈNE XIV.

LES MÊMES, INVITÉS.

MORCEAU D'ENSEMBLE.

LES INVITÉS.
C'est le plaisir qui nous invite,
Nous accourons tous à sa voix;
Si rarement il rend visite
A nos montagnes, à nos bois.

FRÉDÉRIC, *à Dolly*
Eh! bien, vous le voyez, ma cousine est fâchée;
Pour recevoir ce monde, elle ne paraît pas!

JARVIS.
Parbleu! j'en étais sûr!... Elle se tient cachée;
Elle fuit, comme moi, la foule et le fracas!

FRÉDÉRIC.
Quel caractère et sauvage et bizarre!...

DOLLY.
J'espérais, cependant, en piquant sa fierté,
La forcer à céder...

FRÉDÉRIC.
Son cœur est irrité.

JARVIS.
Je vais faire sonner de cors une fanfare:
Vous la verrez paraître...

DOLLY.
        Ah! de grâce, arrêtez!

FRÉDÉRIC.
Mais que dire, à présent, à tous vos invités...
Car la position devient embarrassante....

DOLLY.
Faisons leur les honneurs... je vais les recevoir.....
Mesdames et messieurs, ma cousine est absente...
Une affaire à la ville... impérieux devoir...
La retient, souffrez donc que je la représente ..

SCÈNE XV.

FRÉDÉRIC, DOLLY, HÉLÉNA, JARVIS,
INVITÉS.

HÉLÉNA, en parure de bal, arrivant vivement par la droite.

Chère cousine, en vérité,
C'est se montrer trop aimable et trop bonne!
Ici, je prétends, en personne,
Remplir tous les devoirs de l'hospitalité!

TOUS.

        milady
C'est   vraiment, c'est elle!
        Héléna
J'ose à peine en croire mes yeux!
Quel changement et qu'elle est belle!
Que son maintien est gracieux!

HÉLÉNA, *à part, regardant Dolly et Frédéric.*
Quel air hypocrite!
Leur aspect m'irrite!

Il faut que j'évite
Ici de les voir...
FRÉDÉRIC.
Son regard m'évite !
JARVIS.
Comme on change vite.
DOLLY.
La leçon profite,
Et j'ai de l'espoir !
HÉLÉNA.
Leur aspect m'irrite,
Je ne puis les voir...
JARVIS.
Comme on change vite !
Allons, plus d'espoir !
FRÉDÉRIC.
Son regard m'évite !...
N'est-il plus d'espoir ?
HÉLÉNA, aux invités.
J'entends l'orchestre et sa cadence :
Suivez-moi tous, le bal va commencer,
Jusqu'à demain livrez-vous à la danse...
(à part, douloureusement.)
Moi seule, hélas ! je ne sais plus danser ;
(Frédéric lui présente la main ; elle prend celle de
Jarvis.)
HÉLÉNA.
Quel air hypocrite !
Leur aspect m'irrite ;
Il faut que j'évite
Ici de les voir !
Sachons, en silence,
De son inconstance,
Dévorer l'offense
Et mon désespoir !
FRÉDÉRIC.
Mon aspect l'irrite,

Son regard m'évite,
J'ai cédé trop vite :
Il n'est plus d'espoir.
Oui, ce fier silence,
Prix de mon offense,
Cache une vengeance
Qu'il fallait prévoir.
JARVIS.
Comme on change vite !
Tout cela m'irrite,
Et bientôt je quitte
Notre vieux manoir.
Ici fête et danse,
Toilette, élégance :
Vieux chasseur, je pense
Il n'est plus d'espoir.
DOLLY.
Mon aspect l'irrite,
Son regard m'évite,
La leçon profite,
Et j'ai de l'espoir !
Cette contenance
Prouve bien, je pense,

Que de l'élégance
On sent le pouvoir.
(Héléna, sort avec Jarvis : Frédéric sort avec
Dolly, ils entrent tous dans la salle de bal à
gauche.)

SCÈNE XVI.

MARGUERY, TRAWLEY, entrant par la droite.
(Marguery suit les invités et regarde à la porte
du bal. Trawley entre, une poupée de marchande
de modes sous le bras, et, à la main, une aiguille
qu'il cherche à enfiler.)
TRAWLEY, avec joie.
C'est une femme !
MARGUERY, revenant à Trawley.
Ah !.. vous en êtes donc bien convaincu ?
TRAWLEY.
Parfaitement ; voici comment : le midshipmann
m'avait invité .. un peu brusquement...à venir lui
choisir une toilette... bon ! ça me confirmait ! puis,
au moment de commencer, il m'avait renvoyé !..
de mieux en mieux, j'étais sûr de mon fait ; mais,
voilà qu'au bout de quelque temps, vous me rap-
pelez, de sa part... ça m'indigne !., c'était pour
ajuster sa coiffure... je me promettais de le piquer
sévèrement, pour lui apprendre...j'approche et...
c'est une femme ! .
MARGUERY.
C'est très mal, M. Trawley !.. on baisse les
yeux !..
TRAWLEY.
C'est ce que j'ai fait... et j'ai bien fait !.. Où dia-
ble avais-je la tête, moi ? .
MARGUERY, regardant vers la gauche.
Avec quelle grâce elle fait les honneurs du
bal !.. Tiens, voilà sir Frédéric qui valse avec lady
Dolly...
TRAWLEY.
Ça va bien... ça va très bien.., la révolution est
complète !.. La mode va reprendre, ici, son em-
pire, et je serai son premier ministre... ce sera une
excellente pratique, que le château de Sherwood...
car nous demanderons la pratique ?..
MARGUERY.
Vous ne voulez donc plus être militaire ?..
TRAWLEY.
Non !.. puisque votre maîtresse ne l'est pas...
Maintenant, j'ai confiance en elle ; j'en suis sûr,
elle s'intéressera à nous... Cette femme-là a la taille
trop bien prise pour avoir le cœur mal placé...
MARGUERY.
Silence... ma maîtresse vient par ici...
TRAWLEY.
Elle a l'air contrarié... Est-ce que sa coiffure se
serait dérangée ?
MARGUERY.
Venez... ne la troublons pas...
Ils remontent la scène et sortent lentement par la
droite.

SCÈNE XVII.

HÉLÉNA, seule, entrant vivement.

Je n'y tiens plus... je souffre trop... j'ai voulu lutter avec elle... peine inutile. Frédéric, toujours près d'elle, l'accablant de ses hommages ;.. et moi, pas un regard!.. Pendant qu'elle chantait, comme il exprimait vivement son admiration!.. je n'étais plus rien... Il ne voyait qu'elle... Elle était la reine du bal... Oh! Dolly, je ne l'aurais jamais cru! vous, si bonne! vous, qui savez combien je l'aime!.. Mais j'ai tort de l'accuser... Elle est aimable, elle!.. Elle a des talents!.. et, moi, j'ai tout oublié... tout oublié!.. Non, non, je le sens à mon dépit... Frédéric autrefois aimait à m'entendre... Ces airs, qu'il chérissait, se sont effacés de ma mémoire... Et, cependant, en ce moment, il me semble... si je pouvais... (*Elle se met au piano et prélude.*) Non, ce n'est pas cela!.. (*Avec dépit.*) Mon Dieu! aidez-moi donc!.. (*Elle prélude encore.*) Bien.... c'est cela... tant de souvenirs se pressent à la fois... (*Elle joue le motif de la romance suivante, puis se lève et fait quelques pas, comme sous l'impression d'un rêve.*) Oui, je me vois encore à Torill... Ma pauvre mère était là... Frédéric, toujours près de moi, m'écoutait attentivement... Il me regardait, et moi, je commençais ainsi...

SCÈNE XVIII ET DERNIÈRE.

HÉLÉNA, au fond : FRÉDÉRIC, DOLLY, JARVIS, MARGUERY, TRAWLEY, invités.

(*Aux premiers accords du piano, Frédéric est sorti de la salle du bal; il écoute, puis fait signe aux autres personnages, qui s'approchent doucement.*)

HÉLÉNA.

ROMANCE.

Premier Couplet.

Toi, qui reçus la vie
Aux mêmes lieux que moi,
En partant, douce amie,
Je t'engage ma foi.
Sur nos cœurs, va, l'absence
Ne peut rien désormais:
Souvenirs de l'enfance
Ne s'effacent jamais !

Deuxième Couplet.

Mais bientôt l'infidèle
Oublia son amour;
Et c'est en vain qu'Adèle
Attendit son retour.
Seule, et sans espérance,
Elle dit désormais :
« Souvenirs de l'enfance

Ne s'effacent jamais ! »

JARVIS, *s'avançant.*

Je n'y tiens plus! quels doux accents!
Qu'ils sont touchants!

TOUS. (1)

Quels doux accents!
Qu'ils sont touchants!

HÉLÉNA, *surprise et presque effrayée.*

Oh! ciel qu'entends-je !
Ils étaient là!

FRÉDÉRIC, *avec transport.*

Chère Héléna!

DOLLY.

Elle se venge !

FRÉDÉRIC.

Je vous retrouve enfin, comme je vous aimais...
Et comme je vous aime encore !

HÉLÉNA, *incertaine et regardant tour-à-tour Dolly et Frédéric.*

Frédéric! se peut-il?

DOLLY, *passant près d'Héléna.* (2)

Ne crains rien, il t'adore
A présent plus que jamais!
J'étais sa confidente...

HÉLÉNA, *à Dolly en lui serrant la main.*

O véritable amie !

DOLLY, *à Frédéric.*

Ma parole s'est accomplie;
Et vous aviez grand tort, cher cousin, de trembler...
Une femme jamais n'oublie
Les graces, les talents qui l'avaient embellie :
L'amour est toujours là pour les lui rappeler !

JARVIS.

Nous ne chasserons plus ensemble,
Chère Héléna...

FRÉDÉRIC.

Mais pourquoi donc?..

JARVIS.

Quoi?

FRÉDÉRIC.

Dès demain, sir Jarvis, je rassemble
Tous les Actéons du canton.

CHŒUR GÉNÉRAL.

Au point du jour, trompes et cors
Vous rediront leur brillante fanfare ;
Obéissant à leurs accords,
Pour le départ, que chacun se prépare.
Joyeux chasseurs, troupe fidèle
        accourons
Ici, gaîment   tous,
       accourez
       nous
Quand l'amitié   attend, vous appelle
       vous
     manquons
Ne   pas au rendez-vous !
   manquez

(1) Jarvis, Dolly, Frédéric, Héléna, Marguery.
(2) Jarvis, Frédéric, Dolly, Héléna, Marguery.

FIN.

Imprimé hydraulique de Giroux et Vialat, à Saint-Denis-du-Port, près Lagny.

www.ingramcontent.com/pod-product-compliance
Lightning Source LLC
LaVergne TN
LVHW051143060726
842526LV00006B/2193